TUCAN

La pata Paca

Ricardo Alcántara

La pata Paca

Ilustraciones: José M.ª Lavarello

edebé

© Ed. Cast.: Edebé, 2007
Paseo de San Juan Bosco, 62
08017 Barcelona
www.edebe.com

Atención al cliente: 902 44 44 41
contacta@edebe.net

Directora de Publicaciones: Reina Duarte
Diseño de la colección: César Farrés
Ilustraciones: José María Lavarello

24.ª edición

ISBN: 978-84-236-8767-1
Depósito legal: B. 43088-2009
Impreso en España
Printed in Spain
EGS - Rosario, 2 - Barcelona

Al amigo Pere Puiggròs

El búho Alberto pasó la noche en vela. Con sus redondos ojos muy abiertos, pensaba y hacía cuentas.

«¿Qué será lo que tanto le preocupa?», se preguntaban los demás animales, sin atreverse a decir ni pío.

No osaban pronunciar palabra para no molestar al sabio búho.

Hasta que, por fin, a media mañana del día siguiente, el búho Alberto alzó la cabeza y dijo:

—Con la luna llena nacerán las crías.

—¡Qué ilusión! —exclamaron a coro las futuras mamás.

—¿Ya? ¿Tan pronto? —exclamaron a su

vez los futuros papás, dominados por los nervios.

El búho Alberto repasó sus cuentas; entonces afirmó categórico:

—Así es.

Y así fue. Dos noches más tarde hubo luna llena. Y a la mañana siguiente comenzaron a nacer las crías.

La primera en romper el cascarón fue Paca, la pata.

Junto al nido había un buen número de animales. Todos aguardaban impacientes por verla nacer.

Y en cuanto Paca asomó la cabeza, exclamaron satisfechos:

—¡Oh, qué guapa!

—¡Tiene un pico precioso!

—¡Y qué alas! ¡Seguro que con ellas vo-

lará muy alto! —decían entusiasmados.

Pero Paca no los oyó. Estaba demasiado ocupada tratando de librarse de los restos del cascarón.

Cuando por fin lo consiguió, se sintió aliviada. Miró entonces hacia uno y otro lado. Deseaba saber qué impresión les causaba a los demás.

Sólo que, para entonces, todos los ani-

males se habían marchado. Estaban junto al nido de la garza, ansiosos por ver el nacimiento de las crías.

Eso a Paca le supo a desplante, y, sin poder evitarlo, le sentó fatal. Creyó que, por algún motivo, le tenían manía, lo cual le pareció imperdonable.

Tanto, que, a partir de entonces, aquel bando de animales le resultó muy poco simpático.

Decidida a ignorarlos, volvió la cabeza hacia el otro lado.

A todo esto, se abrió uno de los huevos y asomó su cabecita una diminuta garza.

—¡Oh, qué guapa! —exclamaron todos.

«No será para tanto», pensó la pata Paca, furiosa. Creía que a ella no le habían dedicado bonitas palabras.

—¿Cómo la llamarás? —quiso saber el picaflor.

—Amanda —respondió la madre, sin disimular su orgullo.

«¡Vaya nombre más feo!», se dijo Paca. Y antes incluso de conocerla, ya pensó en Amanda con rabia.

Algo parecido le sucedió cuando nació Beatriz, la lechuza.

—¡Oh, qué guapa! —dijeron todos al verla.

—¡Vaya ojazos tiene la criatura! —no pudo menos que comentar uno de ellos.

«¡Ja, ja! ¡Cómo se nota que exageran!», se dijo la pata, en verdad enfadada.

Su malestar iba a más a medida que nacían más crías.

Y no pararon de nacer hasta que el Sol comenzó a ocultarse. Para entonces, Paca estaba con los nervios a flor de piel.

Tanto que, aunque su madre insistió ella no quiso probar bocado.

Mirando por encima del hombro al resto de los animales, exclamó con despecho:

—¡Son una pandilla de feos! ¡No los quiero ni los querré!

Dicho y hecho. Paca comenzó a mirarlos como si fueran enemigos.

A medida que los días fueron pasando, no dudó en demostrarles su antipatía. Es más, si podía hacerles alguna jugarreta, no se quedaba con las ganas.

Era de armas tomar. Un auténtico peligro.

Su madre notaba, un tanto preocupada, que Paca era un poco rarilla.

«Es que aún es muy pequeña, ¡pero ya cambiará!», se decía para consolarse.

¡Qué va! Paca estaba cada día peor.

Les hacía muecas a los monos, se mofaba del tamaño de la boca de los cocodrilos, a las tortugas les decía «viejas», y a las leonas, «bigotudas»...

No respetaba a nadie, ni a los ancianos.

Pero con quien más se ensañaba era con el resto de las crías.

Aún antes de aprender a volar, Paca se las ingeniaba para asustarlas hasta verlas temblar de miedo.

Entonces disfrutaba a sus anchas.

Cierta tarde le oyó decir al búho Alberto:

—Las crías pronto comenzarán a volar.

—¡Qué ilusión! —exclamaron a coro las mamás.

—¿Ya? ¿Tan pronto? —exclamaron a su vez los papás, un tanto temerosos.

Mientras tanto, Paca se dijo que era una magnífica ocasión para hacer de las suyas.

Sin darle más vueltas, dirigiéndose a las crías, exclamó:

—¡Qué susto! ¡Qué miedo! No quiero

aprender a volar. ¡Es muy difícil y peligroso!

—¿Te... parece? —preguntó la lechuza desde el nido.

Era evidente que estaba asustada.

—¡Claro que sí! —afirmó la pata, muy seria—. Si te caes, puedes darte un buen porrazo.

—¡Oh...! —se estremeció la pequeña garza.

Paca rápidamente se cubrió el pico con las alas para que no la vieran reír.

«No les quedarán ningunas ganas de echarse a volar», pensó la pata. Y estaba en lo cierto.

Sentían tanto miedo, que por nada del mundo deseaban abandonar el seguro nido.

Pero llegó el día señalado para realizar el primer vuelo.

—¿Por qué no lo dejamos para mañana? —le propuso la perdiz a su madre, con voz temblorosa.

—No, pequeña; cuanto antes, mejor. Es muy divertido, ya verás.

Algo parecido le dijo su madre a la pequeña garza, y también la lechuza a su hija Beatriz.

En fin, que, por mucho que protestaron, de nada les sirvió. Todas las crías debían prepararse para iniciar su primer vuelo.

—¡Qué susto! ¡Qué miedo! —repetía Paca, con mala idea.

Ello hacía aumentar el temor de las demás.

Se sentían temblar de la cabeza a la punta de la cola.

—Beatriz, prepárate —le dijo su madre.

A Beatriz se le heló la sangre. ¡Había llegado el momento! Y a ella le tocaba ser la primera.

«Vaya suerte la mía», se lamentó la pequeña lechuza. Y con los ojos cerrados se acercó al borde del nido.

Por nada del mundo se atrevía a mirar hacia abajo.

—Tiende las alas —le indicó su madre.

Ella obedeció sin rechistar.

—Alza la cabeza —le aconsejó su madre.

Ella así lo hizo.

—¡Agita las alas y échate a volar! —exclamó su madre.

Ella probó a hacerlo, pero...

—No puedo —reconoció la pequeña lechuza.

Y es verdad que no podía, pues estaba rígida como una estatua.

—Yo te ayudaré —dijo su madre; y, yendo por detrás, le dio un leve empujón.

El susto de Beatriz fue tal, que ni consiguió gritar. Hasta se le cortó la respiración.

Pero, al notar que caía en picado, agitó con fuerza las alas. Y, para su sorpresa... ¡comenzó a volar!

Entonces sí que aquello le resultó francamente divertido. Tanto, que ya no deseaba parar.

Revoloteaba por entre las ramas de los árboles. Luego bajaba, se posaba sobre unas matas, y nuevamente ganaba altura.

El resto de las crías la observaba con ojos de admiración.

—¡Qué bien lo hace! —exclamaban maravilladas.

«Al verla volar con tanta facilidad, las otras perderán el miedo», se dijo la pata, molesta.

Y eso fue precisamente lo que sucedió.

—Vaya..., parece muy sencillo —comentó Amanda, la garza.

—¡Es verdad! —apoyaron las demás, entusiasmadas.

—No os dejéis engañar —insistía la pata—. Es terriblemente peligroso.

Pero las otras no le prestaban atención. Es más, ya tenían ganas de que llegara su vez.

Cuando llegó el momento, unas primero y otras después, se lanzaron a volar.

Y lo hicieron muy bien. Tan bien, que Paca las miraba con cara de pocos amigos, visiblemente contrariada.

—Te toca a ti —le dijo su madre.

—Sí —respondió la pata, al tiempo que sacudía el plumaje.

—Tiende las alas... —comenzó a indicarle su madre; pero ella la paró en seco:

—Sé muy bien cómo he de hacerlo —le dijo con soberbia, y se dispuso a levantar el vuelo.

«Ahora les enseñaré a esas patosas lo que es volar con gracia», planeó para sus adentros, mientras se incorporaba.

Su madre no se atrevía a hacer ningún comentario.

Tomándose su tiempo, Paca irguió el cuello con arrogancia, agitó con fuerza las alas y… ¡nada!

No conseguía despegarse ni un centímetro del suelo. ¡Qué cosa tan extraña!: era como si llevara plomo en las patas.

Por más que se esforzaba, no lograba despegar del nido.

—¡Qué raro! —exclamaron unos y otros, al ver lo que sucedía.

También a Paca aquello le resultaba muy extraño.

«¿Cómo es que las otras lo han conseguido y a mí me resulta imposible?», se preguntaba, roja de rabia.

Paca lo volvió a intentar, pero el resultado fue el mismo. Así una y otra vez.

Todos los animales estaban pendientes de ella. Hasta que ella, avergonzada y furiosa, se ocultó en el nido.

Apretó con fuerza los párpados. No deseaba verlos, ni quería saber nada de ellos. Los odiaba.

Permaneció un rato quieta y con los ojos cerrados. Pero, en cuanto anocheció y todos se retiraron a dormir, nuevamente se incorporó.

Estaba decidida a volar como fuera.

—Ten cuidado: de noche puede resultar peligroso —se atrevió a aconsejarla su madre.

—No te metas, sé lo que hago —respondió ella, con un humor de perros.

Aspiró hondo y desplegó las alas.

«Ya verán esos bicharracos tontos», pensó en el momento de agitar las alas.

Pero, por mucho que las agitó, nada. El cuerpo le pesaba cada vez más. Era como si llevara colgados un par de sacos de arena.

Aunque puso todo su empeño, no consiguió despegar del suelo.

Tampoco lo consiguió al día siguiente, ni al otro, ni tampoco al otro..., aunque se esforzaba tanto cuanto era capaz.

Para colmo de males, el resto de las crías volaba cada vez con mejor estilo.

—Feas, más que feas. ¡Antipáticas! —decía Paca en voz baja, mirándolas de reojo.

Y las crías, inquietas, volaban de un sitio a otro. De pronto se posaban en una rama, y desde allí se alzaban en rápido vuelo.

Al verlas posadas sobre una rama bastante alta, fue cuando a Paca se le ocurrió la idea: «Desde allí seguro que me resultaría más fácil aprender a volar.»

Pero..., ¿cómo llegaría hasta una rama tan alta, si su nido estaba en el suelo?

Pues llegó con penas y trabajo, y luego de trepar poco a poco por el tronco, con paciencia de hormiga.

Al llegar a lo alto estaba rendida. Tuvo que reposar un rato para recuperar fuerzas. Y, al sentirse descansada, se dijo:

—Ha llegado mi vez de volar. —Y con la mirada fija en las crías, agregó—: Ton-

tas, más que tontas, ¡ya os enseñaré cómo se hace!

Sin poder aguardar ni un segundo más, agitó las alas y se lanzó.

Pero, más que lanzarse a volar, dio la impresión de que se había tirado desde un trampolín.

Fue derechito de cabeza al suelo.

¡Menudo porrazo!

Los animales acudieron con presteza a socorrerla. Mientras la ayudaban a incorporarse, le preguntaron:

—¿Te encuentras bien?

—Claro que sí —respondió ella con una arrogancia que pretendía ocultar lo mal que se sentía.

—Hija, ¿te has hecho daño? —se preocupó su madre.

—Ya ves que no —respondió la pata.

La rabia y la vergüenza le formaban un nudo en el pecho que casi no la dejaba respirar.

No soportaba que la vieran así, ni que la miraran con esa expresión de pena. ¡Los aborrecía con todas sus fuerzas!

Entonces, jadeando y coja a causa del golpe, y notando que el cuerpo le pesaba más y más, se marchó muy seria.

Mientras andaba, se dijo: «Me iré muy lejos. Ya no quiero volver a verlos nunca más.»

Pasó el resto del día en el nido.

Seria y con el pico cerrado, no cesaba de repetirse: «Cuando los pierda de vista me sentiré mucho mejor. ¡Son una pandilla de tontos!»

Decidió esperar a que se hiciera de noche. Con la oscuridad, nadie la vería marcharse.

Tan pronto su madre estuviese profundamente dormida, abandonaría el nido.

Y en cuanto la noche cubrió el paisaje, Paca fingió dormir plácidamente. Confiaba en que su madre no tardaría en hacerlo.

Pero ésta, creyendo que su hija dormía, se alejó andando casi de puntillas.

«¡Qué raro! ¿Dónde irá?», se extrañó la pata.

Aunque pronto lo dejó de lado, al reconocer que aquello le facilitaba el camino.

Así es que, sin esperar más, inició su marcha pasito a pasito.

Avanzaba lentamente entre los matorrales, bajo una luna en cuarto creciente.

Pero, de pronto, paró en seco. Afinó el oído y... ¡en efecto!, a lo lejos se oían voces.

Eran las voces de los animales, aunque Paca no alcanzaba a entender qué decían.

Con mucho cuidado para no ser descubierta, se aproximó lentamente. Sentía curiosidad por saber qué hacían reunidos a aquellas horas.

Se acercó tanto, que por fin consiguió oír cada una de sus palabras.

—Hemos de buscar entre todos la manera de ayudarla —propuso el búho Alberto.

—Pobrecilla, debe de pasarlo fatal. Es la única que no consigue volar —se lamentó Beatriz, la pequeña lechuza.

—No me extraña que tenga ese carácter tan avinagrado —agregó Amanda.

—¡Cómo ha cambiado! De pequeña era muy simpática, ¿os acordáis? —se lamentó su madre, visiblemente apenada.

—¡Claro que sí! —apoyaron los demás animales—. Cuando nació era una preciosidad.

—Recuerdo que me impresionó el tamaño de sus alas y dije que con ellas volaría muy alto —comentó el búho Alberto.

Todos asintieron con la cabeza.

La pata Paca no podía creerlo. Demasiado tarde descubría que también a ella le habían dedicado elogios y arrumacos.

—Bueno, hemos de pensar qué podríamos hacer para que Paca pueda levantar el vuelo —prosiguió el búho Alberto.

—Seguro que se nos ocurrirá algo —apoyó el resto.

Paca iba de sorpresa en sorpresa. A pesar de todas las jugarretas que les había hecho, los otros no le tenían manía.

Es más..., «¡se preocupan por mí!», se sorprendió la pata, y el corazón le latió con fuerza.

Sólo entonces comprendió que se había equivocado, y lo injusta que había sido tratándolos tan mal.

Se sintió tan avergonzada, que, paso a paso, comenzó a alejarse.

Más que nunca, deseaba marcharse de allí.

Y, a medida que andaba, trataba de deshacerse de las malas ideas y de los malos sentimientos que había forjado hacia el resto de los animales.

No le resultaba fácil, pero estaba dis-

puesta a desprenderse de aquella carga tan molesta.

Caminó y caminó bajo un cielo demasiado oscuro, sin hacer ni un alto para recuperar el aliento.

Mas el caso es que no notaba el cansancio, pues su cuerpo ya no le pesaba tanto.

Poco a poco, su andar se volvía más ágil, su cuerpo más ligero, mientras sus alas se balanceaban inquietas a ambos lados…

Hasta que, por fin, despuntó el alba.

Entonces, el cielo se fue encendiendo con las luces del nuevo día.

Paca sintió enormes deseos de echarse a volar, pero… tenía miedo de fracasar otra vez, y eso la paralizaba.

Ni se atrevía a desplegar sus alas.

Hasta que una voz suave le indicó:

—Tiende las alas.

Aun sin verla, Paca supo que era su madre quien le hablaba. Y la obedeció sin rechistar.

—Alza la cabeza —le dijo.

Paca se apresuró a hacerlo.

—¡Agita las alas y échate a volar! —exclamó su madre.

Paca siguió las instrucciones al pie de la letra.

Entonces, como si un viento invisible y juguetón la envolviese entre sus remolinos, comenzó a elevarse por los aires.

Al notar que estaba más alta que las altas copas de los árboles, por un momento sintió miedo.

Su madre, que no le quitaba el ojo de encima, le indicó a voz en grito:

—¡Continúa! ¡Agita las alas con fuerza!

Paca así lo hizo; entonces arrancó a volar confiada y segura.

Y, mientras iba de un lado a otro, exclamó a pleno pulmón:

—¡Vaya, esto sí que es vida!

—Ni que lo digas, pequeña —apoyó su madre, que en veloz vuelo se acercó a su lado.

—¡Mirad! —dijo entonces la lechuza Beatriz.

Las demás crías alzaron la cabeza y quedaron sorprendidas al ver a Paca revoloteando entre las nubes.

—¡Qué bien lo hace! —reconocieron todas, y, rápidamente, fueron a su lado.

Formaron entonces un nutrido grupo que, dibujando círculos, se elevó muy alto. Tan alto como si quisieran hacerle cosquillas al Sol con la punta de sus alas.